BERNARD PRINCE

DANY & GREG

LE PIEGE AUX 100.000 DARDS

UNE HISTOIRE DU JOURNAL TINTIN

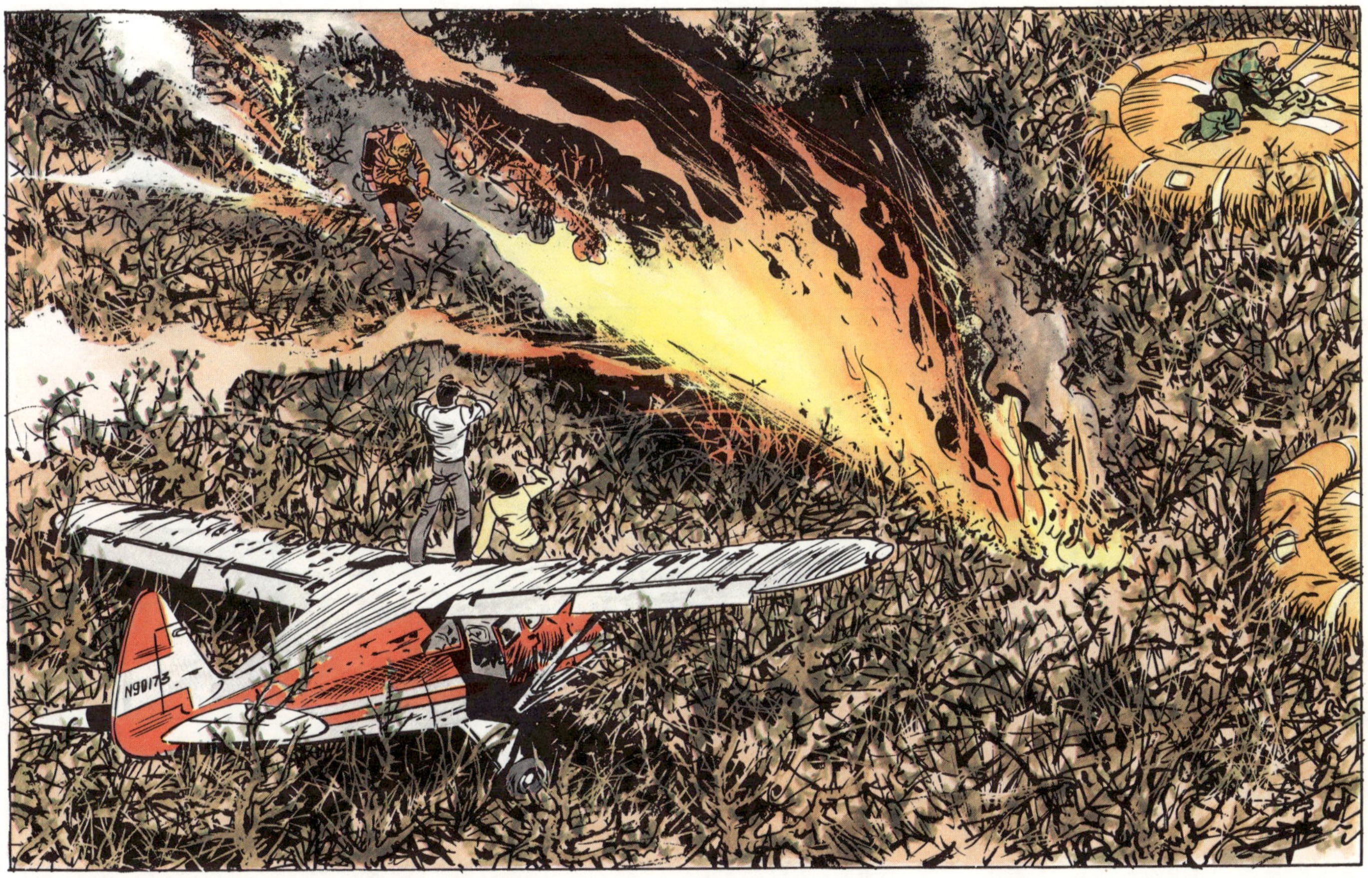

D 1980/0086/1379

Dépôt légal : Août 1983
ISBN 2-8036-0183-4

Imprimé en Belgique par Proost sprl.

①

TAKATAKATAKATAKATAKATAKATA

TAKATAKATAKATAK...
JEEP

JEEP
2

BAOOOMMMMM

QU'EST-CE QUE C'ÉTAIT, M'MAN?
UN JEU! ET IL FAUT SE COUCHER! VITE!
ON GAGNE QUOI?
UN GÂTEAU GROS COMME TOI! MAIS ON NE PARLE PLUS! SI ON FAIT DU BRUIT, ON PERD TOUT!

... ET ON M'ATTEND! ON M'ATTEND SANS BOUGER! OKAY?
OKAY!
PFFFTT!

THO... THOMAS? ...

LES WAGONDOS! LES REBELLES! ILS ARRIVENT, MA'AME RYAN! ILS TUENT TOUT LE MONDE!
3

ÇA Y EST, CETTE FOIS ! C'EST LE "JOUR DU SANG", COMME ILS L'AVAIENT DIT ! C'EST LA RÉVOLUTION, MA'AME RYAN !
ON ENTEND DES MOTEURS, MAIS PAS ENCORE TRÈS NOMBREUX ...

CE N'EST PEUT-ÊTRE QU'UNE ESCARMOUCHE... JE TÉLÉPHONE À LA COMPAGNIE. PAS UN MOT DEVANT LES ENFANTS, THOMAS !

S'ILS N'ONT PAS PENSÉ À COUPER LA LIGNE, NOUS SAURONS VITE SI...

DRRRAIIING

ALLÔ ?... BOB ?... OH ! C'EST TOI, BOB ! CE QUE C'EST BON D'ENTENDRE TA VOIX ! IL Y A EU UNE EXPLOSION ET... ALLÔ ?... BOB ?...

QU'EST-CE QUE TU DIS ?

LOKANGA COPPER MINING COMPANY Ltd
JE DIS : IL Y EN A PARTOUT ! ILS ARRIVENT SURTOUT DE L'OUEST, ALORS RESTE OÙ TU ES ! TIENS BON, CHÉRIE, JE VIENS TE CHERCHER ! JE PASSERAI ! TÂCHE DE PRÉVENIR HÉLÈNE KALLER. JERRY EST À CÔTÉ DE MOI, IL ARRIVE AUSSI !
4

ÇA REMUE, DEHORS... LE TOUT, CE SERA DE LES REPOUSSER VINGT MINUTES, APRÈS, M'SIEUR RYAN SERA LÀ, ET...
KALLER!... KALLER... HÉLÈNE! POURQUOI NE RÉPOND-ELLE PAS?
OH! BON SANG! MA'AME RYAN, VENEZ VOIR!
HÉLÈNE! ELLE... ELLE EST FOLLE!
MYRIAM! MYRIAM RYAN! AU... AU SECOURS!
S'ILS LA RATTRAPENT, ILS VONT... THOMAS! IL FAUT Y ALLER!
NE SORTEZ PAS! JE VOUS DÉFENDS DE SORTIR!
BANG
BANG
BANG
RA-A-ACKKA-ATAK

AAAAAHH
NON! LÂCHEZ-MOI! NON! AU SEC...
RRRA-HAH -ACKHA -A
LE LIEUTENANT LIMBA! UNE PATROUILLE DE RÉGULIERS! HOURRA!
RRRAA-A-ACKA-A-AH-AH-AH
PAW
PAW
CHEZ LES RYAN! DANS LA MAISON, VITE!
NE... NE ME LAISSEZ PAS... NE... MON DIEU...
6

HÉLÈNE!
IL Y A DES RENFORTS EN ROUTE, LIEUTENANT?
NON, PAS ICI! J'AI EU AU MOINS CENT DÉSERTIONS CE MATIN: TOUS PLUS OU MOINS COUSINS DES WADONGOS, C'EST NORMAL. MAIS J'AI PU ALERTER LE Q.G. DE LOMBASHI...
ALORS... LES PARAS?
L'ARME AU PIED! PAS DE ZINCS DISPONIBLES! ÇA VA CHAUFFER PLUSIEURS JOURS, THOMAS: NOUS SOMMES TOTALEMENT ENCERCLÉS!
MAIS, DANS LE GARAGE DE LA LOKANGA COPPER MINING C°...
RYAN! KALLER! VOUS ÊTES FOUS! LA VILLE GROUILLE D'EXCITÉS, DROGUÉS JUSQU'AUX YEUX ET AGITANT TOUT CE QU'ON A INVENTÉ COMME MACHINES À TUER! VOUS NE PASSEREZ JAMAIS!
N'INSISTE PAS, GARFIELD! JERRY ET MOI, ON NE RECULERA PLUS!
NOS FEMMES ET MES GOSSES NOUS ATTENDENT! OUVRE!
OK! OK!
DZING
BZZZZZZZZZZ
VROOAAAAR
7

PEPSI COLA
MARTINI
BON SANG! C'EST... C'EST HORRIBLE! HORRIBLE!
LOL
8

OR, À 420 KILOMÈTRES DE L'ENFER...
DÉSOLÉ, MESSIEURS! C'EST DANS VOTRE PROPRE INTÉRÊT...

... TOUTE NAVIGATION FLUVIALE EST SUSPENDUE, IL Y VA DE VOTRE SÉCURITÉ, LE "CONGO" DEVRA RESTER À QUAI À LOMBASHI JUSQU'À NOUVEL ORDRE.
SÉCURITÉ, SÉCURITÉ...

ET NOTRE RÉPUTATION, ALORS? LE "CONGO" N'EST PAS À NOUS! NOUS AVONS UN CONTRAT AVEC SON ARMATEUR, ET LA CARGAISON EST PÉRISSABLE! NOUS NE SOMMES PAS VENUS JUSQU'ICI POUR...
LAISSE TOMBER, BARNEY, LE MAJOR NE CHANGERA PAS D'AVIS.

EXACT, ET DE PLUS, JE VAIS VOUS DEMANDER DE M'EXCUSER: LA SITUATION M'INTERDIT TOUTE PERTE DE TEMPS ET...
J'AI ENTENDU ÇA, MAJOR KEHANI!
LE TEMPS, J'EN FAIS MON AFFAIRE! MAIS OÙ EST MON KÉROSÈNE? FAUT-IL QUE J'ENVOIE MES GARÇONS SUR BOMBA À BORD DE BALLONS?

LES CAMIONS SONT EN ROUTE, LUKAS! J'AI DÛ FAIRE POMPER LES CITERNES DU NORD, À SHAHOBA ET À LA FRONTIÈRE... VOS ZINCS AURONT LEUR PLEIN CETTE NUIT.
ENFIN!

DISONS MINUIT... ET CINQ... ON SAUTERA SUR LA TERMITIÈRE DEMAIN À L'AUBE, S'IL RESTE QUELQUE CHOSE À SAUVER!

JE CROIS QUE LA CITÉ INDIGÈNE N'EST PAS TROP TOUCHÉE, LES WADONGOS S'EN PRENNENT SURTOUT AUX COOPÉRANTS ET AUX CADRES DE LA MINE, NOUS SOMMES EN LIAISON RADIO AVEC EUX. ILS TIENDRONT...

9

SÉCURITÉ, VOUS RIGOLEZ! RYAN ET MOI ON EST ARRIVÉS ICI DANS UNE BAGNOLE OÙ IL Y AVAIT PLUS DE TROUS QUE DE TÔLE! ET DANS DIX SECONDES, LES FOUS VONT DONNER L'ASSAUT FINAL À CETTE MAISON...

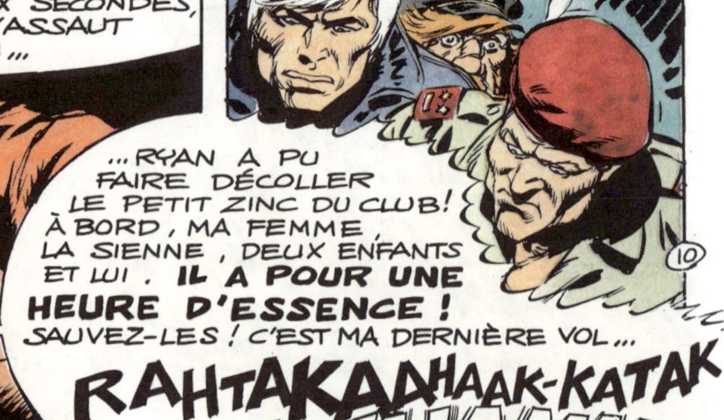

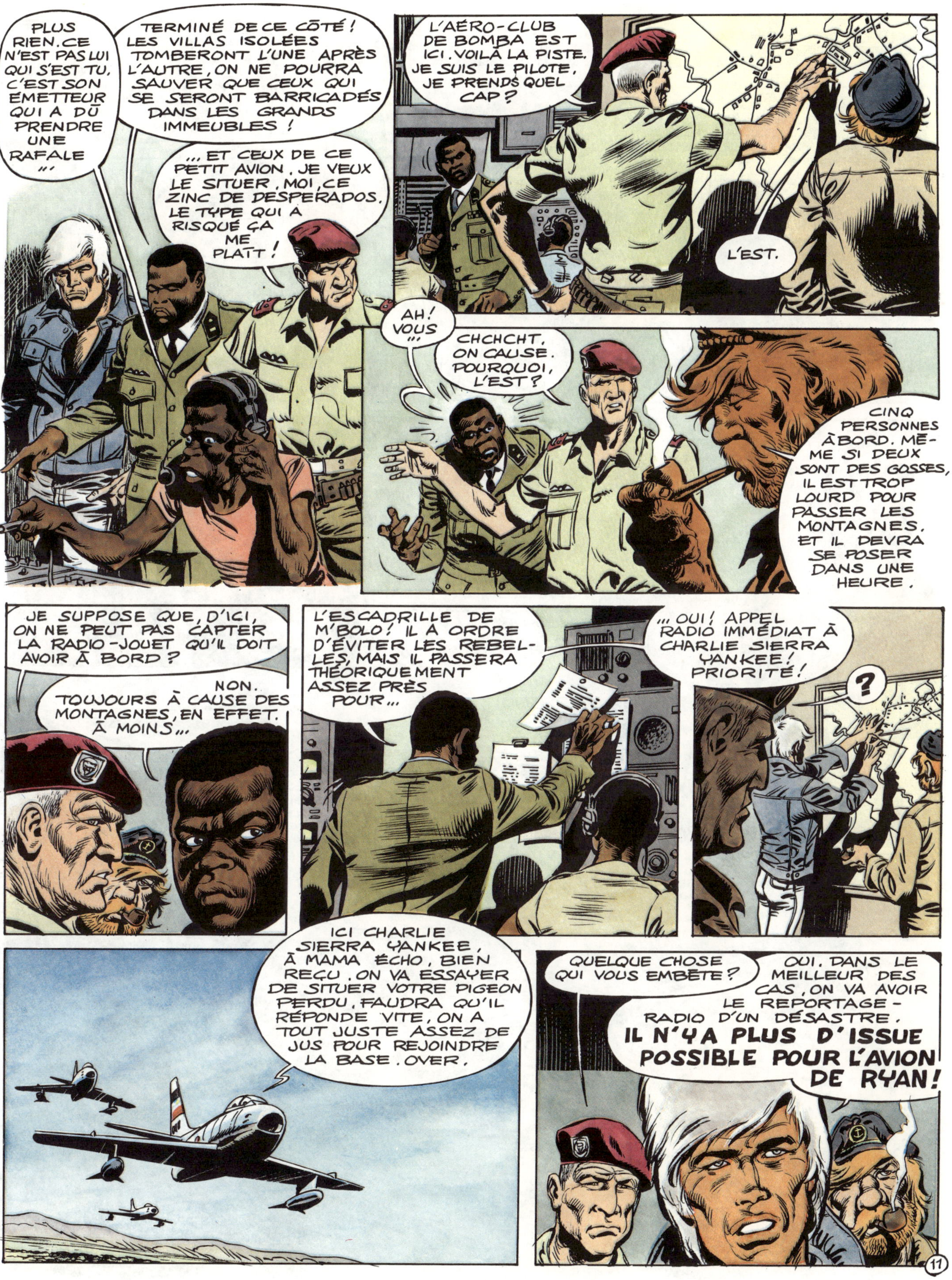

PLUS RIEN. CE N'EST PAS LUI QUI S'EST TU, C'EST SON EMETTEUR QUI A DÛ PRENDRE UNE RAFALE ...

TERMINÉ DE CE CÔTÉ ! LES VILLAS ISOLÉES TOMBERONT L'UNE APRÈS L'AUTRE, ON NE POURRA SAUVER QUE CEUX QUI SE SERONT BARRICADÉS DANS LES GRANDS IMMEUBLES !

... ET CEUX DE CE PETIT AVION. JE VEUX LE SITUER, MOI, CE ZINC DE DESPERADOS. LE TYPE QUI A RISQUÉ ÇA ME PLAÎT !

L'AÉRO-CLUB DE BOMBA EST ICI. VOILÀ LA PISTE. JE SUIS LE PILOTE, JE PRENDS QUEL CAP ?

L'EST.

AH ! VOUS ...

CHCHCHT. ON CAUSE. POURQUOI, L'EST ?

CINQ PERSONNES À BORD. MÊME SI DEUX SONT DES GOSSES, IL EST TROP LOURD POUR PASSER LES MONTAGNES. ET IL DEVRA SE POSER DANS UNE HEURE.

JE SUPPOSE QUE, D'ICI, ON NE PEUT PAS CAPTER LA RADIO-JOUET QU'IL DOIT AVOIR À BORD ?

NON. TOUJOURS À CAUSE DES MONTAGNES, EN EFFET. À MOINS ...

L'ESCADRILLE DE M'BOLO ! IL A ORDRE D'ÉVITER LES REBELLES, MAIS IL PASSERA THÉORIQUEMENT ASSEZ PRÈS POUR ...

... OUI ! APPEL RADIO IMMÉDIAT À CHARLIE SIERRA YANKEE ! PRIORITÉ !

?

ICI CHARLIE SIERRA YANKEE, À MAMA ÉCHO, BIEN REÇU. ON VA ESSAYER DE SITUER VOTRE PIGEON PERDU. FAUDRA QU'IL RÉPONDE VITE, ON A TOUT JUSTE ASSEZ DE JUS POUR REJOINDRE LA BASE. OVER.

QUELQUE CHOSE QUI VOUS EMBÊTE ?

OUI. DANS LE MEILLEUR DES CAS, ON VA AVOIR LE REPORTAGE-RADIO D'UN DÉSASTRE. **IL N'Y A PLUS D'ISSUE POSSIBLE POUR L'AVION DE RYAN !**

BON! QU'ON ME DÉBARRASSE AU MAXIMUM LES ONDES. SILENCE POUR TOUT CE QUI DÉPEND DE NOUS, SAUF M'BOLO. SI FAIBLE QUE SOIT LA VOIX DE RYAN, ÇA PASSERA PEUT-ÊTRE...
CE SERA DUR, TOUS LES ÉMETTEURS DU SECTEUR DE BOMBA LANCENT DES SOS, ET LE PC WADONGO MOUD DES TONNES DE CAFÉ... (*)
(*) BROUILLAGE.
... NON? C'EST UNE BLAGUE, VOTRE HISTOIRE...?
JE VOUDRAIS BIEN, MAIS J'Y AI ÉTÉ, J'EN RÊVE ENCORE LA NUIT, DES FOIS, ET QUAND ÇA M'ARRIVE, FAUT CHANGER LES DRAPS!
DITES DONC, KEHANI, SI CE RYAN VOLE RÉELLEMENT VERS L'EST, IL PARAIT QUE ...
PLUS TARD!
JE CROIS QU'ILS L'ONT... CHARLIE LUI PARLE... PEUX PAS ENTENDRE L'AUTRE, MAIS ÇA A L'AIR D'ÊTRE ÇA...
... VU D'AUTRES COLONNES REBELLES, ET DES ARMES LOURDES, IMPOSSIBLE ME POSER SANS NOUS CONDAMNER AU MASSACRE, JE CONTINUE SUR LE KOALONDA, LA ZONE BLANCHE... VOUS ENTENDS DE PLUS EN PLUS MAL... ALLO...
12

CHARLIE SIERRA YANKEE À MAMA ÉCHO ... VENONS DE PERDRE POUSSIN PERDU, MAIS ON A SON CAP...

350, IL ÉTAIT À LA VERTICALE DU MAOBÉ, IMPOSSIBLE DE LE SUIVRE PAR-LÀ SANS RISQUER LA PANNE SÈCHE POUR NOS PROPRES ZINCS...

ENTENDU, CHARLIE SY, RENTREZ, UNE FOIS RAVITAILLÉS, VOUS AVEZ RENDEZ-VOUS AVEC DU VILAIN MONDE!
ROGER! ON ARRIVE!

EN PLEINE ZONE BLANCHE, EN EFFET, VOUS AVIEZ RAISON, MONSIEUR JORDAN. MAINTENANT, JE SOUHAITERAIS PRESQUE QUE CE PETIT AVION SE CRASHE **AVANT!...**
AH! DONC, VOUS SAVEZ ?...

BIEN SÛR, QUE JE SAIS. LE PÉRIMÈTRE BLANC EST INTERDIT, MAIS CE N'EST PAS PAR IGNORANCE! L'AFRIQUE A ÉVOLUÉ, COLONEL LUKAS! VOULEZ-VOUS LIRE LES RAPPORTS DE NOS CHIMISTES?
ALORS... QU'EST-CE QU'ON FAIT POUR EUX?

RIEN! IL FAUDRAIT LEUR ENVOYER UN BULLDOZER, ET JE ME DEMANDE BIEN COMMENT, CELA DIT, UN SEUL ARBRE NE DOIT PAS CACHER LA FORÊT: NOUS AVONS TOUTE UNE VILLE À DÉGAGER, LUKAS. OUBLIEZ LES RYAN...

... DITES-VOUS QU'ILS SONT MORTS, PERSONNE NE PEUT SE TIRER DU **PIÈGE AUX 100.000 DARDS!**

BEN SI. MOI. ET C'EST UNE DES PLUS SALES BLAGUES QUE LA VIE M'AIT FAITES!
13

BOB! LE... LE MOTEUR TOUSSE DE PLUS EN PLUS!
BIEN SŪR, BIEN SŪR! NORMAL! C'ÉTAIT PRÉVU, TOUT VA BIEN!
N90173
PANNE SÈCHE, HEIN?
LES DERNIÈRES GOUTTES. IL ME FAUT UNE PISTE, ET VITE!
JE VAIS BALANCER LE ZINC DANS TOUS LES SENS POUR "LÉCHER" TOUT CE QUI RESTE DANS LES TUYAUX... ATTACHEZ-VOUS!
BOB! LÀ! UNE ROUTE!
N90173
UNE ROUTE! C'EST BEAUCOUP DIRE! ET AVEC VIRAGES EN PRIME! MAIS À LA GUERRE COMME À LA...
?!
... G ...!?
?!
14

CRAMPONNEZ-VOUS!

BOB! NOUS ALLONS NOUS TUER!
PAS ENCORE! ON LEUR ÉCHAPPE, AU CONTRAIRE!

BRAVE COUCOU! JE L'AURAIS JURÉ EXSANGUE, MAIS IL A TENU!

AÏE! C'ÉTAIT VRAIMENT LE CHANT DU CYGNE! DEUX MINUTES POUR NOUS POSER, OU...
KHHHRHKK-KKK-HH-K...

QU'EST-CE QUE C'EST QUE ÇA, LÀ-DESSOUS? JE N'IDENTIFIE PLUS RIEN AVEC CE CIRQUE...

PLUS LE CHOIX! ON VA CASSER DU BOIS! TOUS EN BOULE DERRIÈRE!
15

COMBIEN DE TEMPS VOUS A-T-IL FALLU POUR VOUS TIRER DU PIÈGE, LA PREMIÈRE FOIS, JORDAN ?
TROIS JOURS. ON ÉTAIT SEPT, ON EST ARRIVÉ À DEUX, ET L'AUTRE A DÛ ÊTRE AMPUTÉ D'UN BRAS 48 HEURES APRÈS ! AUTANT DIRE QUE JE NE VOUS PROMETS PAS DE MIRACLE !
411

D'AILLEURS, J'AURAIS PU JOUER LES GUIDES TOUT SEUL. IL Y A DES INDÉCRAMPONNABLES, TOUT DE MÊME, DANS L'EXISTENCE !
IL Y A DES ENFANTS DANS CET AVION, TU LEUR FERAIS PEUR. JE RESTERAI ENTRE EUX ET TOI.

LOMBASHI
AIRPORT
CE SERA PEUT-ÊTRE UN FAUX DÉPART. NOUS N'AVONS PAS ENCORE LA CONFIRMATION QUE CE RYAN S'EST VRAIMENT POSÉ DANS LE KOALONDA ...

OUAIS ! FAITES CONFIANCE À MON VIEIL ULCÈRE. IL SE RÉVEILLE CHAQUE FOIS QUE JE VAIS DEVOIR L'EMMENER DANS UNE PROMENADE DÉSAGRÉABLE. IL NE SE TROMPE JAMAIS. AÏE !

16

VOTRE COUCOU EST REPÉRÉ, MON COLONEL. EN PLEIN DANS LA ZONE DÉSIGNÉE. MAIS LE MAJOR KÉHANI N'A PAS DONNÉ SON ACCORD POUR L'OPÉRATION SPÉCIALE, ET...

LIEUTENANT, J'AI 406 TYPES QUI VONT, SANS QU'ON LEUR DEMANDE LEUR ACCORD, PLONGER EN ENFER PARCE QUE LES TROUPES DE KÉHANI SE SONT FAIT DÉBORDER. JORDAN ET PRINCE, EUX, SONT VOLONTAIRES. L'AVIS DE KÉHANI, JE M'EN TAPE. OÙ EST LE ZINC SPÉCIAL?

PAR ICI...
ON A BEAU DIRE! L'ART DE SE FAIRE OBÉIR N'EST PAS DONNÉ À TOUT LE MONDE...

ÇA SE FORGE, MON GARS, COMME TOUT. QUINZE ANS DE BAROUD, DES CENTAINES DE CABOCHARDS À MÂTER, PARFOIS EN FACE, PARFOIS DANS MES PROPRES TROUPES. ET MAINTENANT, ÇA ROULE, FAUT CE QU'IL FAUT.

LOKANGA
IL Y A DES VOCATIONS QUI RELÈVENT CARRÉMENT DU SACERDOCE...
PLAINS-TOI DONC. SI CET OGRE À BÉRET NE MORDAIT PAS SI ALLÉGREMENT DE TOUTES SES SOIXANTE-QUATRE DENTS, TU N'AURAIS JAMAIS OBTENU TOUT TON PETIT MATÉRIEL...
N600W

C'EST MA FOI VRAI, JE VÉRIFIE, DES FOIS QUE LE PÈRE NOËL AURAIT EU UNE ABSENCE...
815

LE LANCE-FLAMMES EST DANS LE COLIS 3, J'AI MIS LES ROQUETTES À PART...
LES MATELAS SONT UN PEU MINCES, MAIS ON FERA AVEC.

PARÉ POUR NOUS, MON COLON, ON S'ENVOLE.
ÇA M'AURAIT PLU, VOTRE PROMENADE, MAIS MOI, J'AI DU REBELLE À CASSER. ON NE FAIT PAS CE QU'ON VEUT, VOUS ME RACONTEREZ AU RETOUR!

AU RETOUR, IL DIT, ET PAS LE MOINDRE DOUTE DANS SA VOIX!
C'EST ÇA, LES PROFESSIONNELS, MON BARBU, TU AS BEAU PORTER UNE CASQUETTE À GALONS, TU N'AURAS JAMAIS LA MENTALITÉ...

17

B... BOB... LE JOUR SE LÈVE ... ÇA VA ?

ÇA VA. JE N'EN REVIENS PAS ENCORE : TOUS VIVANTS ! JE N'AURAIS PAS PARIÉ CENT SOUS LÀ-DESSUS !
TU NOUS A POSÉS COMME UN AS !

REGARDE-LES ! ÉREINTÉS PAR L'ÉMOTION ! ILS DORMENT COMME DES PETITS LAPINS !
JE CROIS QU'ON A BIEN FAIT DE NE PAS QUITTER L'AVION POUR LA NUIT...

JE N'AIME PAS CE PAYSAGE. TOUTES CES ÉPINES... ON VA S'ÉGRATIGNER PARTOUT !
À CÔTÉ DE CE QUI AURAIT PU NOUS ARRIVER, AVOUE QUE C'EST UN MOINDRE MAL ! JE VAIS VOIR...

IL Y A PROBABLEMENT DES FRUITS, DES BAIES, UN PEU PLUS LOIN.. JE VAIS D'ABORD M'OCCUPER DU PETIT DÉJEUNER, PUIS...

ATTENDS ! CE N'EST PAS UN MOTEUR, ÇA ?...

MAIS SI ! BRANCHE LA RADIO, VITE !

ET SI C'EST UN REBELLE ?
ON LE SAURA VITE ! LAISSE-MOI FAIRE ...

ALLÔ ! ALLÔ ! ICI, BARNEY JORDAN ! J'APPELLE RYAN ! ALLÔ ! RYAN ?
NE BOUGEZ PAS !
DANGER DE MORT À DES KILOMÈTRES À LA RONDE ! NE TOUCHEZ À RIEN ! ALLÔ ?...
COM
NAV
18

J'AIME T'ENTENDRE PARLER BOTANIQUE. C'EST FOU LA POÉSIE QUE TU Y APPORTES.

19

NON, NON ! PERSONNE À TERRE ! ON VIENT NOUS CHERCHER, IL NE FAUT PAS GÊNER CES AVIATEURS !
ILS VONT SAUTER EN PARACHUTE ? JE VEUX VOIR LES PARACHUTISTES !
N90173

NOUS LES VERRONS D'ICI ! ON VA ESSAYER DE DEVINER CE QU'ILS NOUS APPORTENT POUR DÉJEÛNER ! DITES-MOI VOS IDÉES À L'OREILLE ...

... CE SONT LES ÉPINES ?

AUTANT DE DARDS EMPOISONNÉS ! J'AI BIEN FAILLI... BON SANG, MYRIAM, CES TYPES NE POURRONT JAMAIS SE POSER PRÈS DE NOUS !

LÀ ! ILS SAUTENT !

CE NE SONT PAS DES HOMMES... PAS ENCORE. ON DIRAIT DES COLIS... C'EST BIZARRE...

KLAK
SHSHSHSH

20

LE BIDULE FONCTIONNE AU MILLIPOIL, MAIS, MILLE MILLIONS DE CABESTANS, CE QUE ÇA PEUT ÊTRE MICROSCOPIQUE, VU D'ICI !
TU TE SOUVIENS COMME ON A RI, AU CIRQUE, AVEC CE CLOWN QUI PLONGEAIT DES CINTRES DANS UN TONNEAU ?
... DES SORTES DE CIBLES GONFLABLES ... JE CROIS QU'ON S'EN SERT EN MER ...
MAIS LES ÉPINES VONT LES CREVER !
C'EST BIEN ÇA ! JE N'ARRIVE PAS À Y CROIRE !
ILS VONT SE TUER, BOB ! SE TUER SOUS NOS YEUX !
ON Y VA. SI TU AS UNE DERNIÈRE BLAGUE À ME RACONTER, DÉPÊCHE-TOI !
PEUX PAS, J'AI LES DENTS QUI CLAQUENT. VAS-Y, NOM D'UN CHIEN, OU ON N'AURA PLUS LE COURAGE !
21

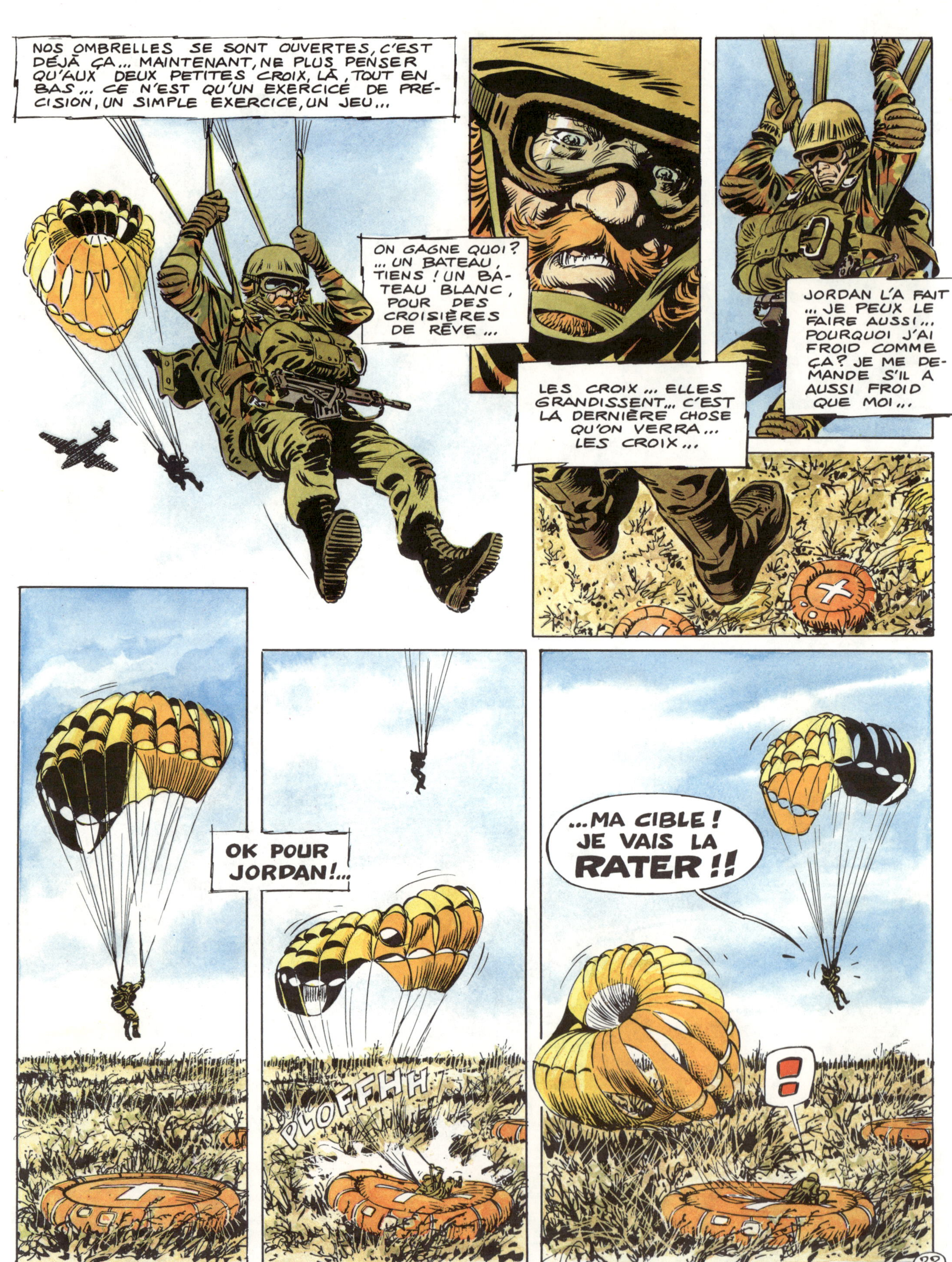
NOS OMBRELLES SE SONT OUVERTES, C'EST DÉJÀ ÇA... MAINTENANT, NE PLUS PENSER QU'AUX DEUX PETITES CROIX, LÀ, TOUT EN BAS... CE N'EST QU'UN EXERCICE DE PRÉCISION, UN SIMPLE EXERCICE, UN JEU...
ON GAGNE QUOI? ... UN BATEAU, TIENS! UN BATEAU BLANC, POUR DES CROISIÈRES DE RÊVE...
LES CROIX... ELLES GRANDISSENT... C'EST LA DERNIÈRE CHOSE QU'ON VERRA... LES CROIX...
JORDAN L'A FAIT ... JE PEUX LE FAIRE AUSSI... POURQUOI J'AI FROID COMME ÇA? JE ME DEMANDE S'IL A AUSSI FROID QUE MOI...
OK POUR JORDAN!...
PLOFFHH
...MA CIBLE! JE VAIS LA RATER!!
!
22

LES DARDS ! JE VAIS DROIT AUX...
... À MOINS QUE...
¡¡¡Y-AAAAAH
HARDI, MON PRINCE ! ARRIÈRE-AVANT, CASSE LE CAP !
RHHHH... HG! QU... QUELQU'UN A REMPLACÉ MON ESTOMAC PAR UN PUZZLE DE 5000 PIÈCES, SANS ME PRÉVENIR !
J'AI VRAIMENT CRU... QUEL ACROBATE !
J'AI L'IMPRESSION QU'IL DOIT PLUS ENCORE À SON ANGE GARDIEN QU'À UN QUELCONQUE ENTRAÎNEMENT ! C'ÉTAIT DU VINGT CONTRE UN !... ET MAINTENANT... COMMENT VONT-ILS POUVOIR QUITTER CES MATELAS SANS TOUCHER LES ÉPINES ?
23

BON ! À VOUS, L'AVIATEUR DU DIMANCHE ! ON VA MANOEUVRER À MA FAÇON, SANS VOULOIR VOUS COMMANDER.
J'ÉCOUTE.

POUR TRANSFORMER VOTRE PETIT CAMPING SAUVAGE EN UNE VILLÉGIATURE ACCEPTABLE, NOUS AURONS BESOIN DE TOUS NOS BAGAGES. IL ME MANQUE UN COLIS. REPÉREZ-MOI ÇA...
J'AI VU TOMBER QUELQUE CHOSE PAR-LÀ... UN GROS SAC QUI SEMBLAIT LOURD ...
MILLE MILLIONS DE CABESTANS ! LE TYPE QUI A LARGUÉ ÇA A DÛ VISER EXPRÈS POUR NOUS TAQUINER !
TONNERRE, JORD' ! IL EST AU MOINS À CENT MÈTRES, ET EN PLEIN DANS LES SERINGUES À MORT SUBITE. ON NE POURRA JAMAIS L'ATTEINDRE !
IL NOUS LE FAUT, POURTANT. 'TENDS VOIR UN PEU... OUAIS. BON.

RYAN ! SORTEZ LE TOURNEVIS, IL Y A DU BOULOT. ARRACHEZ-MOI DEUX SIÈGES DE VOTRE COUCOU, ET BALANCEZ-LES PAR ICI !
IL EST FOU...

NON, IL N'EST PAS FOU. IL Y A UNE HEURE, NOUS ÉTIONS FICHUS. MAINTENANT, DEUX AHURISSANTS PRENNENT TOUT EN MAIN. UN : JE LES BÉNIS. DEUX : J'OBÉIS. POUR CE QUI EST DE COMPRENDRE, ON AURA LA VIE DEVANT SOI, ET ÇA, C'EST LE MIRACLE !

OKAY, FLANQUEZ-LE PAR ICI... LE PLUS PRÈS POSSIBLE DE MONSIEUR PRINCE. IL EST À VOTRE PORTÉE.

24

PAS L'IDÉAL, MAIS IL Y A MOYEN, TU Y VAS?

OK, J'Y VAIS! MAIS C'EST DINGUE, TON TRUC...

QUE LES PESSIMISTES VEUILLENT BIEN ACQUITTER LE MONTANT DE LEURS PARIS AU SECRÉTAIRE DE L'ARTISTE ... ILS ONT PERDU!

LE SECRÉTAIRE T'ENQUIQUINE, TU DEVIENS PRÉTENTIEUX. ALLEZ, AU TRAVAIL, ENVOYEZ LE DEUXIÈME SOFA!

ÇA IRA ...

... SEUL PROBLÈME: À FORCE DE ROULER DANS LES ÉPINES, CES JOLIS COUSSINS VONT SE TRANS-FORMER EN PELOTES D'ÉPIN-GLES ...

... FAUDRA FAIRE DRÔLEMENT CONFIANCE À LA FIRME DE GANTS QUI A OBTENU LE CONTRAT AVEC L'ARMÉE!

25

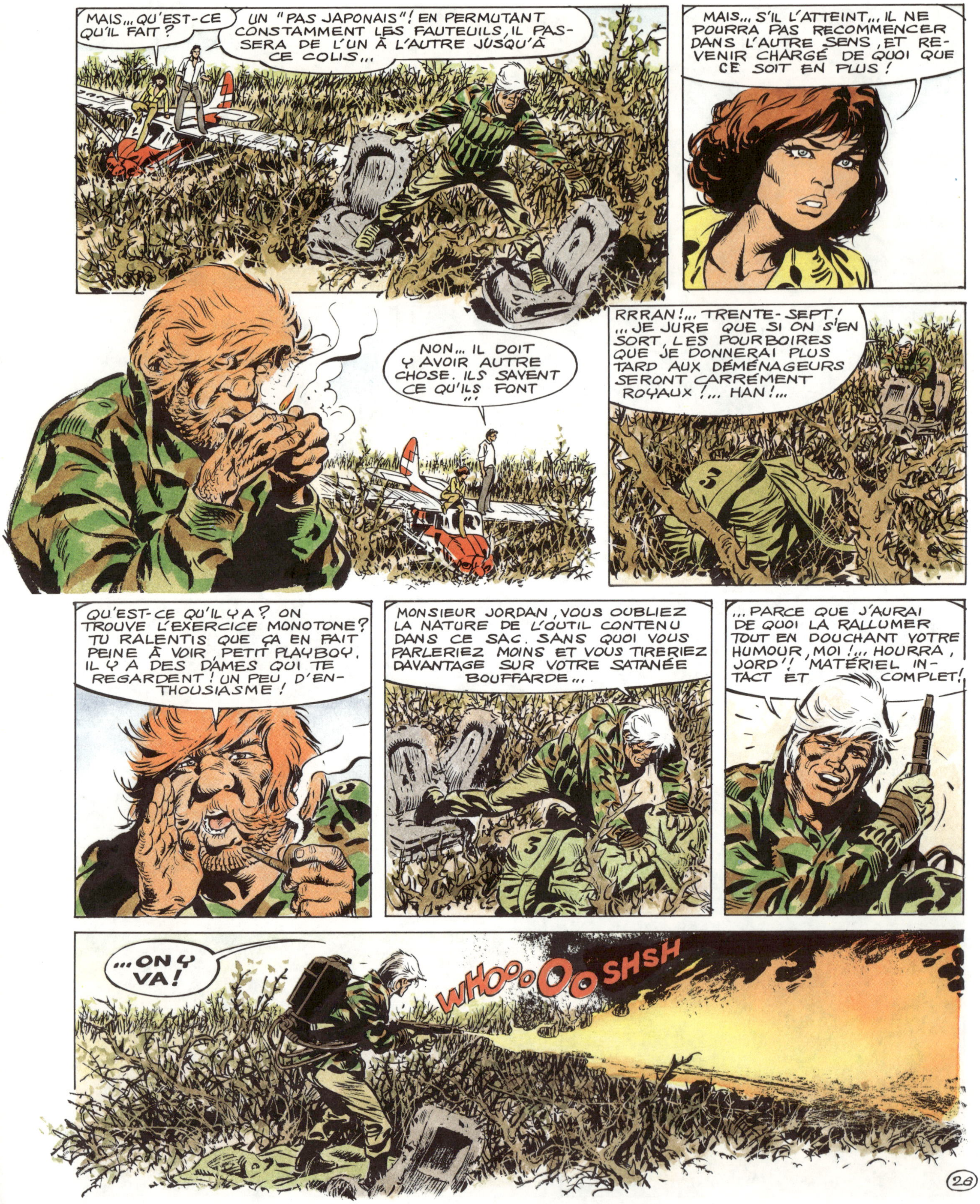

MAIS... QU'EST-CE QU'IL FAIT ?

UN "PAS JAPONAIS" ! EN PERMUTANT CONSTAMMENT LES FAUTEUILS, IL PASSERA DE L'UN À L'AUTRE JUSQU'À CE COLIS...

MAIS... S'IL L'ATTEINT... IL NE POURRA PAS RECOMMENCER DANS L'AUTRE SENS, ET REVENIR CHARGÉ DE QUOI QUE CE SOIT EN PLUS !

NON... IL DOIT Y AVOIR AUTRE CHOSE. ILS SAVENT CE QU'ILS FONT ...

RRRAN !... TRENTE-SEPT ! ... JE JURE QUE SI ON S'EN SORT, LES POURBOIRES QUE JE DONNERAI PLUS TARD AUX DÉMÉNAGEURS SERONT CARRÉMENT ROYAUX !... HAN !...

VOUS,,, VOUS AVEZ L'INTENTION DE NOUS OUVRIR UNE PISTE COMME CELLE-LÀ **JUSQU'AU BOUT?**

SEULEMENT DANS LES PASSAGES LES PLUS TOUFFUS,,,

,,,OU SI NOUS SOMMES VRAIMENT PRESSÉS. "BELLE ENFANT", QUE VOICI, ADORE ALLUMER TOUT SUR SON PASSAGE, MAIS CE TEMPÉRAMENT AFFECTUEUX DÉVORE PAS MAL DE CARBURANT,,,

EXACT. AUSSI, COMME LA MODE EST AUX ÉCONOMIES D'ÉNERGIE,,,

,,,NOUS FERONS UNE PARTIE DU TRAJET HORS DE PORTÉE DES ÉPINES, COMME CECI, EN NE FAISANT APPEL QU'À NOTRE HUILE DE MOLLETS !

JE... JE N'Y ARRIVERAI JAMAIS! TOUT CECI N'A PAS DE SENS!
SI! ILS ONT RAISON! REGARDE LES ENFANTS...
POUR EUX, C'EST UN JEU! SI NOUS ARRIVONS À OUBLIER LA PEUR, À NOUS DÉCRISPER, TOUT SE PASSERA TRÈS BIEN...
JE TOMBERAI! JE SAIS QUE JE TOMBERAI...
DE FAIT... POUR DES ADULTES UN PEU ROUILLÉS, SANS ENTRAÎNEMENT...
L'ENTRAÎNEMENT SE FERA EN ROUTE. SUR UN BATEAU QUI COULE, C'EST FOU CE QUE LES PASSAGERS APPRENNENT VITE LA NATATION.
LES RAIDEURS, ON S'EN OCCUPERA PLUS TARD. ELLES NE SERONT PAS AUSSI DÉFINITIVES QUE CELLES QU'ON SE PREND QUAND ON TOUCHE CES ÉPINES, VOILÀ L'ESSENTIEL!
COMMENT POUVEZ-VOUS PLAISANTER?
OH! VOUS SAVEZ... LA GRAVITÉ, UNE FOIS QU'ON EST MONTÉ SUR DES ÉCHASSES, ÇA PERD UN PEU DE PRESTIGE. AU BOUT D'UN KILOMÈTRE, VOUS NE PENSEREZ PLUS QU'À METTRE UNE QUILLE DEVANT L'AUTRE, ET CE SERA TANT MIEUX. EN ROUTE, LA TROUPE!
À L'EST DU MAOBÉ, MÊME LES OISEAUX ÉVITENT LE SURVOL DE LA ZONE BLANCHE... CE JOUR-LÀ, ILS MANQUÈRENT UN DES SPECTACLES LES PLUS INSOLITES QUE L'AFRIQUE AIT JAMAIS CONNUS...
28

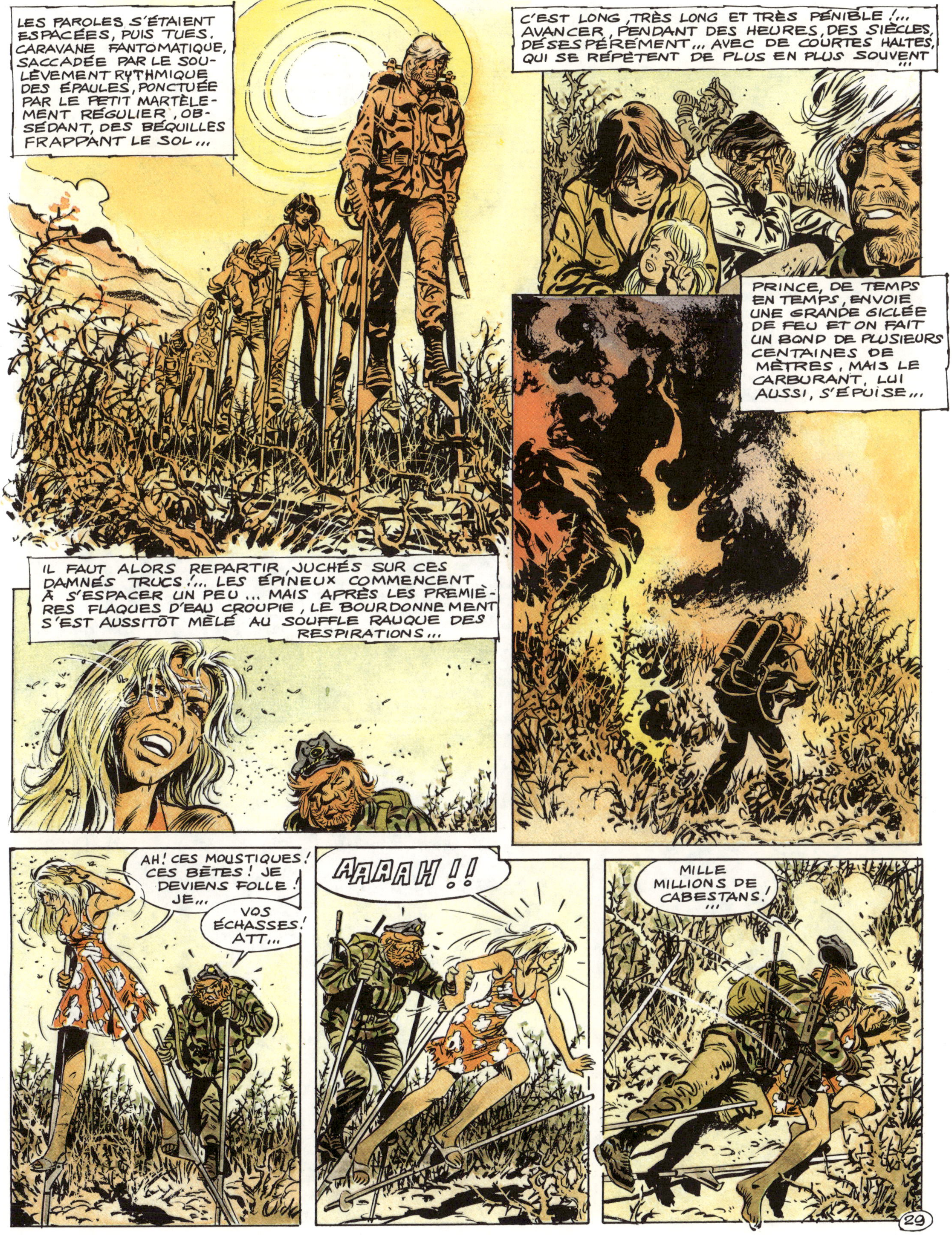

LES PAROLES S'ÉTAIENT ESPACÉES, PUIS TUES. CARAVANE FANTOMATIQUE, SACCADÉE PAR LE SOULÈVEMENT RYTHMIQUE DES ÉPAULES, PONCTUÉE PAR LE PETIT MARTÈLEMENT RÉGULIER, OBSÉDANT, DES BÉQUILLES FRAPPANT LE SOL...

C'EST LONG, TRÈS LONG ET TRÈS PÉNIBLE !... AVANCER, PENDANT DES HEURES, DES SIÈCLES, DÉSESPÉRÉMENT... AVEC DE COURTES HALTES, QUI SE RÉPÈTENT DE PLUS EN PLUS SOUVENT ...

PRINCE, DE TEMPS EN TEMPS, ENVOIE UNE GRANDE GICLÉE DE FEU ET ON FAIT UN BOND DE PLUSIEURS CENTAINES DE MÈTRES, MAIS LE CARBURANT, LUI AUSSI, S'ÉPUISE...

IL FAUT ALORS REPARTIR, JUCHÉS SUR CES DAMNÉS TRUCS !... LES ÉPINEUX COMMENCENT À S'ESPACER UN PEU ... MAIS APRÈS LES PREMIÈRES FLAQUES D'EAU CROUPIE, LE BOURDONNEMENT S'EST AUSSITÔT MÊLÉ AU SOUFFLE RAUQUE DES RESPIRATIONS...

NE ME REFAITES JAMAIS CE COUP-LÀ ! ON A ÉVITÉ LES ÉPINES D'UN CHEVEU, MAIS J'AI LE PALPITANT AU BORD DE L'EXPLOSION !
JE... MES NERFS ... DEMANDE PARDON... C'EST T-TROP...

PAS D'ÉRAFLURE ? ...
NON, ON A EU UNE VEINE INCROYABLE DE TOMBER SUR CETTE SURFACE NUE ! MAIS IL FAUDRA TROUVER UN COIN-REPOS UN PEU PLUS VASTE DANS LES ENVIRONS IMMÉDIATS. CES DAMES ONT BESOIN DE SE REPOUDRER, ET MOI DE FUMER UNE PIPE.

UN PEU D'OMBRE SERAIT ACCEPTABLE AUSSI, DE QUOI SE RÉAJUSTER LES PRUNELLES AVANT QUE LA SUEUR NE LES AIT COMPLÈTEMENT RONGÉES. JE CROIS QUE J'AI NOTRE AFFAIRE...

L'ARBRE ! J'OUVRE LE CHEMIN JUSQUE LÀ. ON PEUT S'OFFRIR CE LUXE !

BOUGEZ PAS. JE COMMENCE PAR PRENDRE APPUI...

... PRÉLUDE AU BAISER DE FEU... GO !
FWOOOOOoSHH

AÏE ! ÇA BRÛLE LES PIEDS ! ...
BON SANG ! JE L'AVOUE SANS HONTE, M'APPUYER SUR CES BRANCHES VA ME PARAÎTRE LE COMBLE DU LUXE !

30

ON S'INSTALLE EN HAUT ! RÉCRÉATION - GOÛTER ! À VOUS L'HONNEUR, MADAME RYAN...
J-JE... MONSIEUR PRINCE ! REDESCENDEZ-MOI ! VITE !
JORD' ! À TOI !
... ENTRE LES YEUX DU PREMIER COUP OU...
RHOOOO
PAW
BANG
RHHAOOOO
OOOWWRHHH
31

JE L'AVAIS RATÉE ! JE SUIS SÛR QUE JE L'AVAIS RATÉE !
IL Y A EU UN AUTRE COUP DE FEU ! MAIS CE SONT LES DARDS QUI L'ONT FOUDROYÉE ! BON SANG, JORDAN, CETTE BÊTE MONTRE À QUOI NOUS AVONS ÉCHAPPÉ !
SI CETTE AGRESSIVE-LÀ EST PARVENUE JUSQU'ICI, LA FIN DU CHAMP D'ÉPINEUX N'EST PAS LOIN... EN EFFET, MAIS J'AI ENVIE D'AJOUTER: "HÉLAS !"
?!
TU AS VU LA LISIÈRE ?
OUAIS. ET LES HALLUCINÉS QUI NOUS Y TENDENT LES BRAS.
WADONGOS ? ...
UNE TRENTAINE. ARMÉS JUSQU'AUX DENTS ET VACILLANT SOUS LA DROGUE. PAS BESOIN DE JUMELLES POUR L'AFFIRMER !
NOUS... NOUS NE POUVONS PLUS REVENIR EN ARRIÈRE ! NI RESTER ICI... MOURIR POUR MOURIR, JE VEUX QUITTER CET ENFER ! ME RENDRE ! ILS AURONT PEUT-ÊTRE PITIÉ... ILS...
MOURIR... BAH, CE QU'IL Y A, C'EST LA MANIÈRE...
NOUS, CE SERAIT RAPIDE. MAIS LES FEMMES ET LES PETITS... RIEN À FAIRE, ON NE PEUT PAS PRENDRE LE RISQUE !
TRENTE... ON N'ÉTAIT PAS VENU POUR FAIRE LA GUERRE, MAIS... FOLIE POUR FOLIE...
TU AS UNE IDÉE ?
IDIOTE, MAIS C'EST LA SEULE. ON DOIT SORTIR LES MÔMES DE LÀ. BON, POINT UN : J'AI BESOIN D'UN LEURRE AUX NERFS SOLIDES...
?
C'EST DE MOI QUE VOUS PARLEZ ? JE SUIS PRÊTE !
HÉ LÀ ! PAS QUESTION ! QUE MIJOTEZ-VOUS, PRINCE ? JE ...
JE CROIS QUE J'AI COMPRIS. J'AI CONFIANCE, BOB. TOUS ENSEMBLE, OU PAS DU TOUT ! IL FAUT OBÉIR À BERNARD PRINCE.
ET VITE, OU ILS VONT ARROSER DE LOIN, AU NAPALM. LE TIREUR QUI VISAIT LA PANTHÈRE SAIT OÙ NOUS SOMMES.
32

ÉTRANGE CHOSE QUE L'AUTOMATISME DE LA SURVIE. TOUS SE COMPRIRENT À DEMI-MOT. LES HOMMES, ARMÉS, SE DISPERSÈRENT À LA MANIÈRE DES FAUVES EN CHASSE. LES PLUS VULNÉRABLES SE TERRÈRENT, PROVISOIREMENT À L'ABRI...
... ET LA PLUS BRAVE...
LA PROIE!...
... OU...
WHOOOOOSHSH
... L'APPÂT ?
RRRRAACKAA!!
PAW
PAW
PAW
PAW
33

SERVICE DE DÉRATISATION ! LAISSEZ PASSER!

OW!

MILLE MILLIONS DE CABESTANS ! ILS SONT TROP BOURRÉS POUR AVOIR PEUR ! ON N'EN VIENDRA PAS À BOUT !

AAÏÏÏAAAAA

MYRIAM ! TU N'AS R...
RYAN ! PLANQUEZ-VOUS !

AH!

VIVRE ENCORE TROIS MINUTES, BON SANG ! TROIS MINUTES, ET PLUS AUCUN DE CES MABOULS N'ARRIVERA JUSQU'AUX GOSSES !

EST-CE QU'IL Y A QUELQU'UN LÀ-HAUT POUR M'ENTENDRE ? HÉ, LE CIEL ! JE...

ET LE CIEL RÉPONDIT !
AU-DESSUS DE LA FUREUR, UN RUGISSEMENT...
34

CE N'EST PAS VRAI ! C'EST... C'EST DU CINÉMA, DES VISIONS PAREILLES ! MERCI, SAINT JOHN WAYNE ! AHAHAHAH !
EH OUI ! LUKAS. DU MOMENT QUE JE POUVAIS POSER MES HÉLICOS AUTRE PART QUE DANS VOTRE JARDIN POURRI, NORMAL QUE CHACUN REPRENNE SON RÔLE, NON ?
ALORS... LA RÉVOLTE ?
CETTE PETITE AGITATION DE POIVROTS ? RÉGLÉE ! DEUX OU TROIS DE MES PELOTONS, ET L'ARMÉE DE KÉHANI PAR POLITESSE, RÉDUISENT LES DERNIERS GROUPES COMME CELUI-CI. UNE FORMALITÉ !
J'AI FAILLI LE MORDRE. BON SANG, BERNARD, DIS-MOI QU'ON N'EST PAS DANS LE MÊME CAMP QUE CE... CET "AFFREUX" !
J'ESSAYE DE M'EN PERSUADER, MOI AUSSI, MAIS... SOMMES-NOUS RESPONSABLES DE CE GÂCHIS INCROYABLE QU'EST L'AFRIQUE AUJOURD'HUI, AVEC SES CENTAINES DE MILLIERS DE VICTIMES, BLANCHES OU NOIRES ?...
LUKAS, LUI, EN TOUT CAS, NE SE POSE MÊME PAS LA QUESTION. C'EST DÉJÀ UNE DIFFÉRENCE...
POUR HÉLÈNE KALLER NON PLUS, LA QUESTION NE SE POSE PAS ; L'AFRIQUE COMPTE UNE VICTIME DE PLUS : SON MARI...
OH ! JERRY ! JERRY, C'EST TA VOIX ! C'EST TOI ! TU ES VIVANT !... COMMENT ? C'EST À THOMAS QUE TU LE DOIS ! C'EST... C'EST MERVEILLEUX !
FIN
DANY + GREG

Bernard Prince

DANY - GREG.

LE NYCTALOPE

BON, OUAIS. D'ACCORD! CHARMANTE ESCALE, J'AURAIS RAQUEL WELCH AU BRAS, J'IRAIS MÊME JUSQU'À DIRE QUE CE SERAIT ACCEPTABLE ...

... MAIS LE COMPTOIR DU VIEUX FOG EST TOUJOURS BIEN VISSÉ AU MÊME ENDROIT. TU AS TA FAUSSE PIÈCE-FÉTICHE SUR TOI?
? HEU... OUI, MAIS ...
FLITTER - MOUSE FOGGARTY'S
AMERICAN BAR
OPEN
Ice Cold Beer

ON ENTRE, C'EST TOI QUI COMMANDES, JE ME TAIS ET TU PAYES AVEC LA FAUSSE PIÈCE, JE T'EXPLIQUERAI EN ATTAQUANT LA DEUXIÈME TOURNÉE, PIGÉ?
RIEN DE RIEN, MAIS J'AI TROP SOIF POUR DISCUTER.

AUBERGISTE! DEUX BIÈRES CRISSANTES DE GLACE, AVEC LA MOUSSE À PART!

UNE BIÈRE POUR LE MONSIEUR TRAPU QUI PORTE DES BOTTES ANGLAISES, IDEM POUR LE MONSIEUR MINCE QUI PÈSE 72 KILOS...
?

ÇA NOUS FAIT UN DOLLAR TOUT ROND, PUISQUE VOUS VENEZ DE DÉBARQUER ET QUE VOUS N'AVEZ SANS DOUTE PAS ENCORE FAIT DE CHANGE...
EH ... BEN, VOILÀ...

DITES DONC, MATELOT, VOUS NE M'AVEZ PAS REGARDÉ?
HEU... SI, JUSTEMENT! JE NE FAIS QUE ÇA ET...

REFILER UNE FAUSSE PIÈCE À UN AVEUGLE! FAUT VRAIMENT PAS AVOIR DE MORALITÉ, BARBU POUILLEUX!
AGH... MAIS C'EST PAS MOI... JE VEUX DIRE, JE N'AVAIS PAS VU... C'EST-À-DIRE ...

T'ENFONCE PAS, MINABLE! MAINTENANT, C'EST CINQ VRAIS DOLLARS, OU JE DEVIENS DÉSAGRÉABLE!

ÇA VA, NYCTALOPE! C'ÉTAIT UNE MAUVAISE BLAGUE!
?
2

BERNARD PRINCE! SACRÉ TRICHEUR! COMMENT VOULAIS-TU QUE JE TE VOIE SI TU NE DISAIS RIEN?
ASSEYONS-NOUS, QUE JE VOUS CONTEMPLE MIEUX!
MAIS... SES YEUX... IL EST... OU IL N'EST PAS?
BIEN SÛR, QU'IL "EST"!
ÇA FERA DOUZE ANS EN JUIN, MATELOT, INOPÉRABLE. J'ACCEPTE VOS FÉLICITATIONS.
MES F...?? AH OUI! VOUS VOULEZ DIRE: POUR LA MANIÈRE REMARQUABLE DONT VOUS VOUS DÉBROUILLEZ. EN EFFET...
C'EST PAS ÇA; JE VOULAIS DIRE QU'IL Y A DOUZE ANS QUE J'AI CESSÉ D'AVOIR DES ENNUIS. AVANT ÇA, JE FAISAIS DANS LE SOMPTUEUX DE CE CÔTÉ-LÀ. PRINCE NE VOUS A PAS RACONTÉ?
N... NON...
MAIS AVANT... POUR MES BOTTES, LE POIDS, LA MONNAIE?...
SIMPLE, SI VOUS N'ÉTIEZ PAS INFIRME, VOUS FERIEZ COMME MOI! JUGER LA DÉMARCHE DES GENS À L'OREILLE, RENIFLER L'ODEUR DE LA MER, CELLE DES COMMERCES OÙ UN TYPE S'EST ATTARDÉ... ET IDENTIFIER UNE PIÈCE FAUSSE AU TOUCHER! MOITIÉ ENTRAÎNEMENT, MOITIÉ SOUVENIRS, MOITIÉ INSTINCT. AVEC TROIS MOITIÉS, ON BAT TOUT LE MONDE!
LE NYCTALOPE MINIMISE SES TALENTS, JORD'. S'IL EN AVAIT EU MOINS, JE NE SERAIS PAS LÀ POUR LE DIRE.
ÇA COMMENCE À ME PLAIRE, ALLEZ, VAS-Y: "IL ÉTAIT UNE FOIS"...
IL ÉTAIT UNE FOIS UN JEUNE FLIC D'INTERPOL QUI SE CROYAIT FÛTÉ... QUAND JE SUIS ARRIVÉ EN STAGE DANS CETTE VILLE, FLIP FOGGARTY, À L'ÉPOQUE, N'AVAIT PAS LES YEUX DANS SA POCHE, MAIS IL LES AVAIT SOUVENT, ET LES DOIGTS AUSSI, DANS CELLE DES AUTRES...
GTO
...LE "FOG" ÉTAIT UNE LÉGENDE VIVANTE. ON RECONNAISSAIT SON STYLE DE TOUS CÔTÉS, ON NE LE PINÇAIT JAMAIS! LA VRAIE ANGUILLE...
3

...IL CONNAISSAIT CHAQUE TOIT ET CHAQUE RUELLE, DU PORT À LA MÉDINA, ET DE LA CASBAH AUX ÉGOUTS... IL ME FASCINAIT, CE MONSTRUEUX...

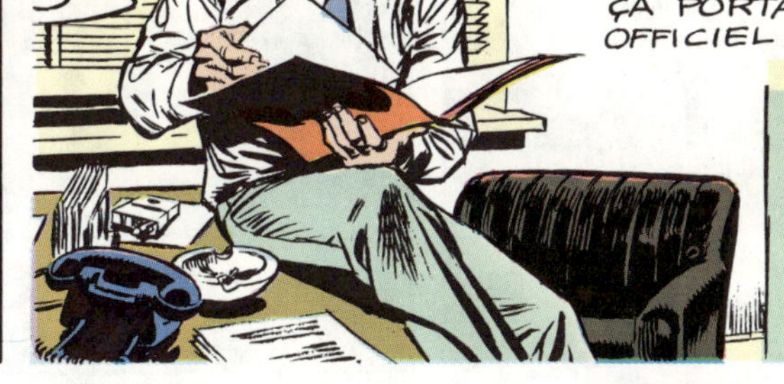

J'ÉTAIS LÀ POUR M'OCCUPER D'UN PLUS GROS MORCEAU: LE GANG DE KILLER SCHMIDT, UN RAMASSIS D'AMUSANTS RÉCLAMÉS PAR LA JUSTICE DE SEIZE PAYS. LEUR COUP LE PLUS MODÉRÉ AVAIT FAIT TROIS MORTS À MILAN, ÇA PORTAIT LE TOTAL OFFICIEL À 29...

FOGGARTY, C'ÉTAIT PLUS MARRANT, LUI, JE SAVAIS OÙ LE TROUVER...

ÇA FAISAIT DES SEMAINES QUE JE COLLAIS À LUI COMME UNE VENTOUSE, SANS AVOIR LE PLUS PETIT DÉBUT DE PREUVE...

...ON DEVENAIT INTIMES, À LA LONGUE...

ALORS? LE COUP DE FILET DU SIÈCLE? C'EST POUR QUAND?

TU LIRAS ÇA DANS TA CELLULE, FOG. JE DEMANDERAI À LA PRISON QU'ON T'ABONNE AU JOURNAL

C'ÉTAIT VRAI, FOG, C'ÉTAIT ROBIN DES BOIS. AVEC SES RAPINES, IL ASSURAIT LES BESOINS DE TOUS LES GOSSES PAUMÉS, DES FILLES À LA DÉRIVE ET DES CHIENS PERDUS QU'IL RENCONTRAIT, ET DANS LA RÉGION IL Y EN A!... C'ÉTAIT POUR ÇA ET POUR SON CYNISME GENTIL QUE JE M'ÉTAIS MIS À L'APPRÉCIER, CE DRÔLE DE VOYOU, ET PUIS SON HABILETÉ FORÇAIT L'ADMIRATION...

ALLEZ, SALUT !
FOG, ATTENDEZ DONC ! CE N'EST PAS PARCE QUE VOUS AVEZ LOUPÉ UN COUP QUE...
LAISSE DONC,
IL N'Y A AUCUNE FUMÉE DE CUISINE ICI QUE...?
C'EST ÇA L'ENNUI, MÔME.
LE FOG, IL Y A UN AN, IL AURAIT PU ENVOYER UN PETIT POIS DANS LE DERRIÈRE D'UNE SOURIS, AVEC CETTE MÊME CANNE...
MAIS IL A COMMENCÉ PAR MAL CALCULER SES DISTANCES. ET PUIS À MAL LIRE LES POINTS, MARQUÉS AU TABLEAU. ET AUJOURD'HUI, IL NE VOIT PLUS LES BILLES QU'À TRAVERS UN BROUILLARD, ET J'ME DEMANDE S'IL DISTINGUE LA ROUGE DES AUTRES, VOILÀ...
!
FOG AVAIT CONSULTÉ LES MEILLEURS TOUBIBS. VERDICT : ENCORE SIX MOIS, ET LA NUIT, IRRÉVERSIBLE. DANS SON MÉTIER, C'ÉTAIT LE MÊME COUP QUE LA SURDITÉ POUR BEETHOVEN. LA CONTRARIÉTÉ.
FOG A VOULU METTRE LES BOUCHÉES DOUBLES EN PRÉVISION DE LA RETRAITE. ET IL A FAIT UNE DÉCOUVERTE : L'ERREUR !
UNE FOIS DE PLUS IL S'EN EST TIRÉ PARCE QU'IL POUVAIT GALOPER DANS TOUTE LA CASBAH LES YEUX FERMÉS, ET POUR LE JARRET, IL CONTINUAIT À RIDICULISER TOUS LES LIÈVRES DU MONDE...
... MAIS MAINTENANT, ON POUVAIT COINCER ROBIN DES BOIS, PARCE QU'IL DEVENAIT AVEUGLE. MOCHE À EN PLEURER, QUOI...
5

L'INSPECTEUR PRINCE A RÉFLÉCHI DES SEMAINES AVANT DE PRENDRE LA DÉCISION... PUIS IL A FALLU CONVAINCRE À LA FOIS LES COLLÈGUES, L'ASSISTANTE SOCIALE ET TOUTE LA COMMISSION DE SÉCURITÉ... ÇA N'A PAS ÉTÉ UNE JOURNÉE DE VACANCES! FALLAIT-IL QU'IL SOIT JEUNE ET QU'IL Y CROIE, CE PETIT PRINCE ...

... BIEN SÛR, IL N'Y A JAMAIS EU DE COMPTE RENDU OFFICIEL... QU'EST-CE QUE ÇA PEUT FAIRE, PUISQU'IL AVAIT GAGNÉ...

FOGGARTY A ÉTÉ PLUS DIFFICILE À CONVAINCRE QUE TOUS LES AUTRES. LE PASSÉ OUBLIÉ, LE COUP D'ÉPONGE, LE BAR LIBRE, PROPRIÉTÉ DE LA VILLE DEPUIS QUE JO DE BASTIA S'Y ÉTAIT FAIT DESCENDRE ...

IL N'Y CROYAIT PAS, LE FOG!... RUDE TRAVAIL: DES SOIRÉES ET DES SOIRÉES À REPÉRER LES LIEUX, À CALCULER LES GESTES, À PHOTOGRAPHIER LE MOINDRE RECOIN TANT QU'IL DISTINGUAIT ENCORE UN PEU...

ET PUIS IL S'Y EST MIS, COMME POUR LES RUELLES ET LES PASSAGES, MOINS IL Y VOYAIT, MOINS ÇA SE VOYAIT!

IL Y AVAIT MÊME DES PERFORMANCES "AU CALCUL" QUI DEVIENDRAIENT DES ATTRACTIONS ...
TOC

PRINCE, L'ESPRIT ENFIN DÉGAGÉ, REVENAIT DE PLUS EN PLUS AU CAS DE KILLER SCHMIDT, ET, DE TUYAU EN RECOUPEMENT, DOUCEMENT, OBSTINÉMENT, LE FILET SE RESSERRAIT.. DEUX OU TROIS TRUCS À VÉRIFIER, QUE BERNARD ÉTAIT ENCORE SEUL À CONNAÎTRE, ET CE SERAIT PEUT-ÊTRE L'HALLALI...
6

MAIS L'EXPÉRIENCE D'UN FLIC, ÇA PREND DES ANNÉES, L'INSPECTEUR PRINCE NE COUVRAIT PAS ENCORE LA DISTANCE. PAR EXEMPLE, QUAND IL REÇUT CET APPEL D'UN INDIC, UN PEU TROP BEAU POUR ÊTRE VRAI ...

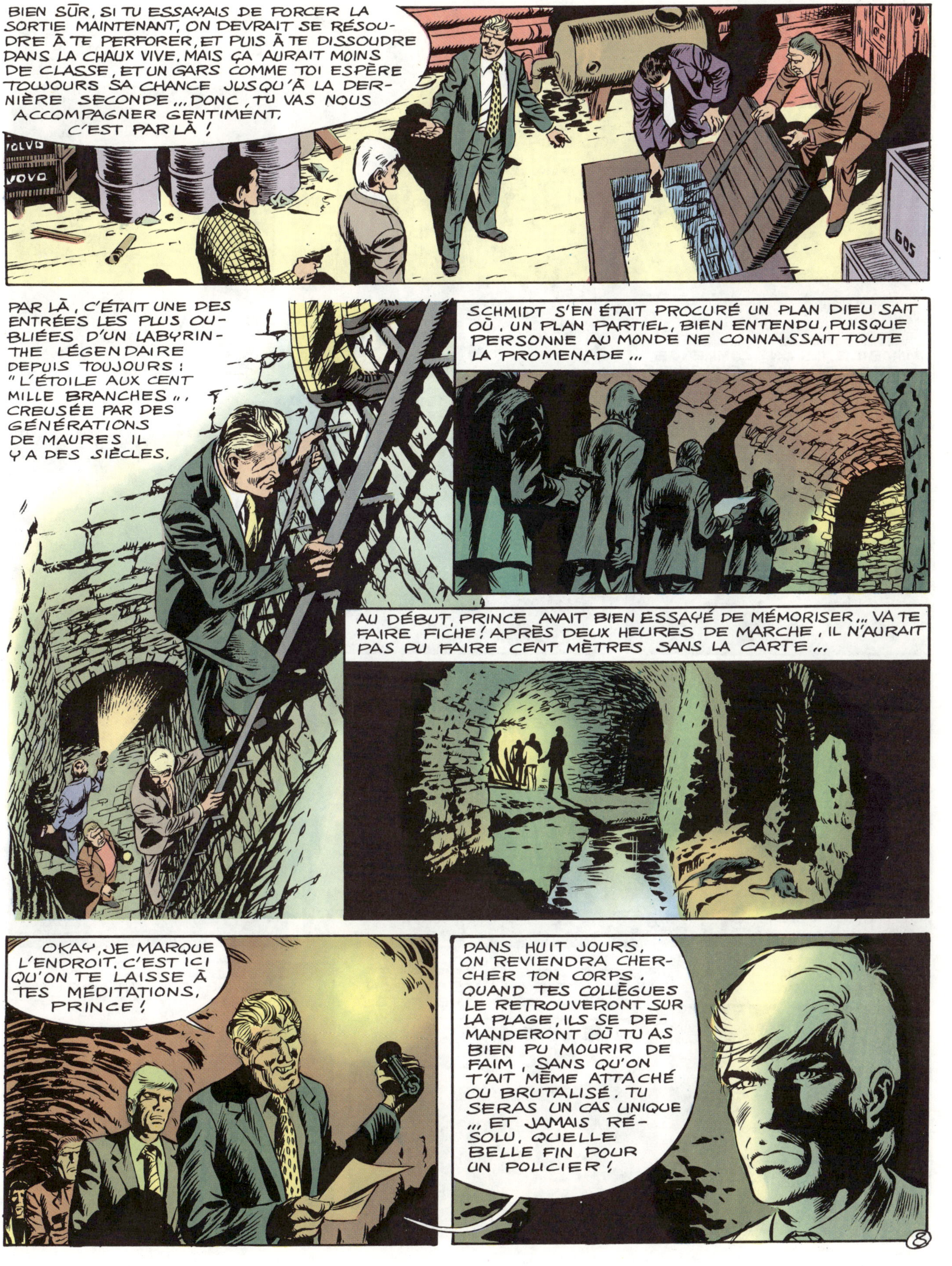

PAR LÀ, C'ÉTAIT UNE DES ENTRÉES LES PLUS OUBLIÉES D'UN LABYRINTHE LÉGENDAIRE DEPUIS TOUJOURS : "L'ÉTOILE AUX CENT MILLE BRANCHES", CREUSÉE PAR DES GÉNÉRATIONS DE MAURES IL Y A DES SIÈCLES.

SCHMIDT S'EN ÉTAIT PROCURÉ UN PLAN DIEU SAIT OÙ, UN PLAN PARTIEL, BIEN ENTENDU, PUISQUE PERSONNE AU MONDE NE CONNAISSAIT TOUTE LA PROMENADE ...

AU DÉBUT, PRINCE AVAIT BIEN ESSAYÉ DE MÉMORISER ... VA TE FAIRE FICHE ! APRÈS DEUX HEURES DE MARCHE, IL N'AURAIT PAS PU FAIRE CENT MÈTRES SANS LA CARTE ...

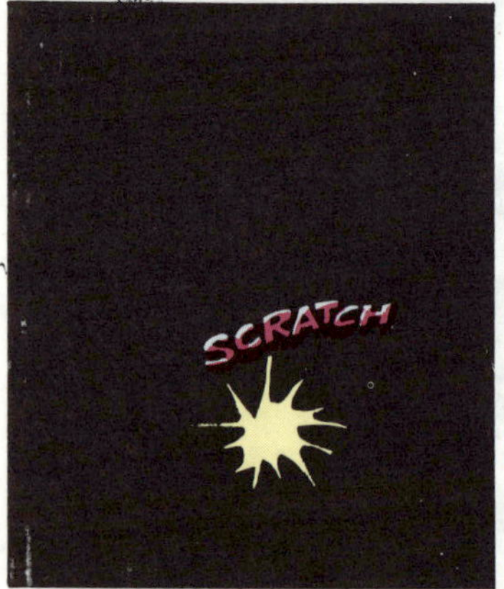

EXCELLENT ! CONTINUE, MÔME ! T'AS LA VOIX D'UN COQ QUI VIENT DE PERDRE DIX COMBATS, MAIS COMME BOUSSOLE, T'AS UNE VRAIE CARRIÈRE DEVANT TOI ! **ALLEZ ! CHANTE !**

!?

9

ELLE... ELLE ME L'A JURÉ ... POUR LA V... F... FOG? C'EST VOUS, FOG? C'EST VOTRE VOIX!...

QUI VOUDRAIS-TU QUE CE SOIT? TOUS LES AUTRES AURAIENT BESOIN D'UN PHARE ET D'UNE CORNE DE BRUME, ICI!
REMARQUE, POUR LA CORNE, TU NE TE DÉFENDS PAS MAL!

FFT. FIN DE L'ALLUMETTE. "VU" PAR PRINCE, ÇA DONNAIT ÇA.
FOG!
FOG, OÙ ÊTES-VOUS?

MAIS DANS LA MÉMOIRE ET DANS L'INSTINCT DE FOGGARTY-L'AVEUGLE, C'ÉTAIT DIFFÉRENT!
BEN, DEVANT TOI! ASSEZ PRÈS POUR SENTIR LE SOUFRE DE TON ALLUMETTE ET TE DIRE QUE TON DENTIFRICE EST À LA CHLOROPHYLLE!

FOG! SACRÉ NYCTALOPE! TU ES VENU! TU ES VENU!... MAIS COMMENT?
L'ARBI QUI T'A VENDU ME DEVAIT UNE BRICOLE, ET LE PLAN DE SCHMIDT, JE L'AI EU SOUS LES YEUX, DANS LE TEMPS... LE RESTE ÉTAIT DONC FACILE!

FACILE! IL AVAIT DIT "FACILE"! SI PRINCE N'AVAIT PAS CONSTAMMENT TRÉBUCHÉ, C'EST VRAI QU'ILS AURAIENT FAIT LE TRAJET DE RETOUR PLUS VITE QUE SCHMIDT À L'ALLER!

EN PLUS, ÇA L'AMUSAIT! IL A MÊME CHOISI LA SORTIE LA PLUS HUMORISTIQUE!
MMMH! QUATRE HEURES DU MATIN DÉJÀ... LA QUALITÉ D'AIR QUE JE PRÉFÈRE!
10

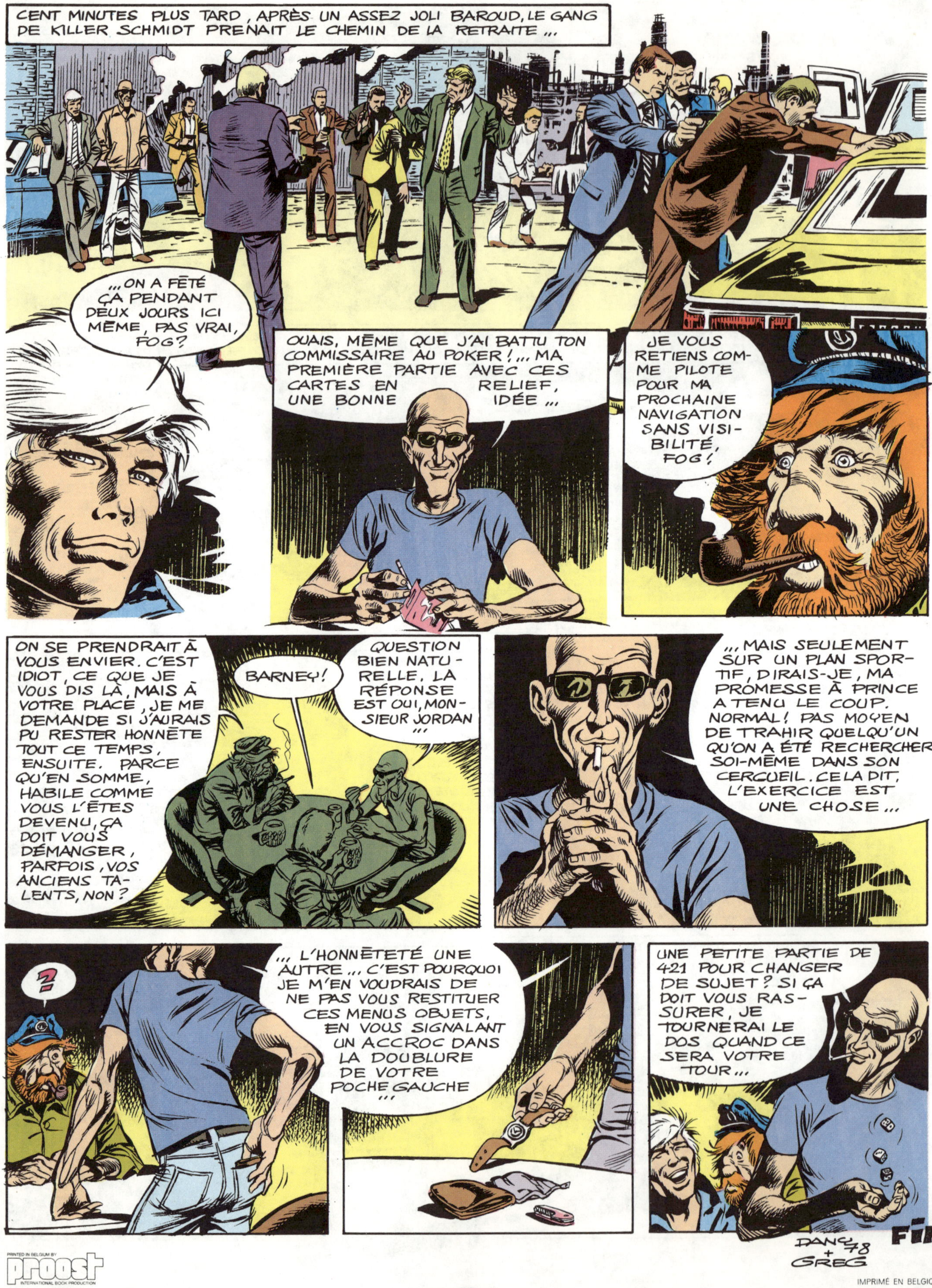

CENT MINUTES PLUS TARD, APRÈS UN ASSEZ JOLI BAROUD, LE GANG DE KILLER SCHMIDT PRENAIT LE CHEMIN DE LA RETRAITE ...

... ON A FÊTÉ ÇA PENDANT DEUX JOURS ICI MÊME, PAS VRAI, FOG?

OUAIS, MÊME QUE J'AI BATTU TON COMMISSAIRE AU POKER! ... MA PREMIÈRE PARTIE AVEC CES CARTES EN RELIEF, UNE BONNE IDÉE ...

JE VOUS RETIENS COMME PILOTE POUR MA PROCHAINE NAVIGATION SANS VISIBILITÉ, FOG!

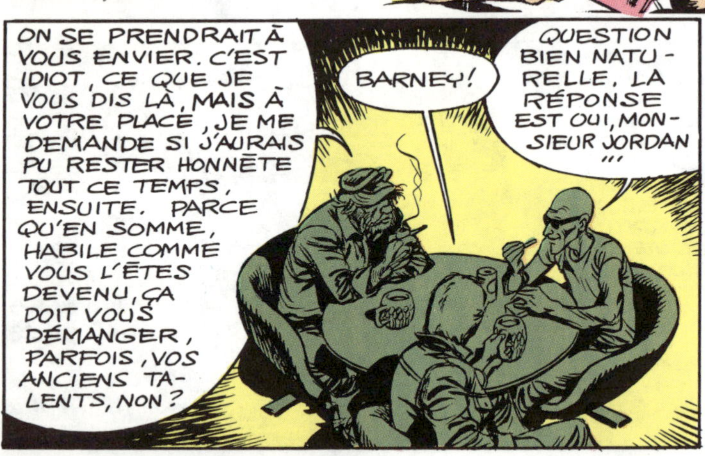

FIN

DANY 78 + GREG

PRINTED IN BELGIUM BY proost INTERNATIONAL BOOK PRODUCTION

IMPRIMÉ EN BELGIQUE